NIEDER MIT HITLER!

JOCHEN VOIT HAMED ESHRAT

NIEDER MIT HITLER!

ODER WARUM KARL KEIN
RADFAHRER SEIN WOLLTE

avant-verlag

Nach einer wahren Lebensgeschichte*

* Hans Fallada schickte 1946 seinem Roman *Jeder stirbt für sich allein* die Bemerkung voraus, die Geschehnisse seines Buches folgten im Wesentlichen den Akten. Allerdings habe ein Roman eigene Gesetze, daher habe der Autor die Personen so geschildert, „wie sie ihm vor Augen standen". Ganz ähnlich verhält es sich mit der vorliegenden Graphic Novel.

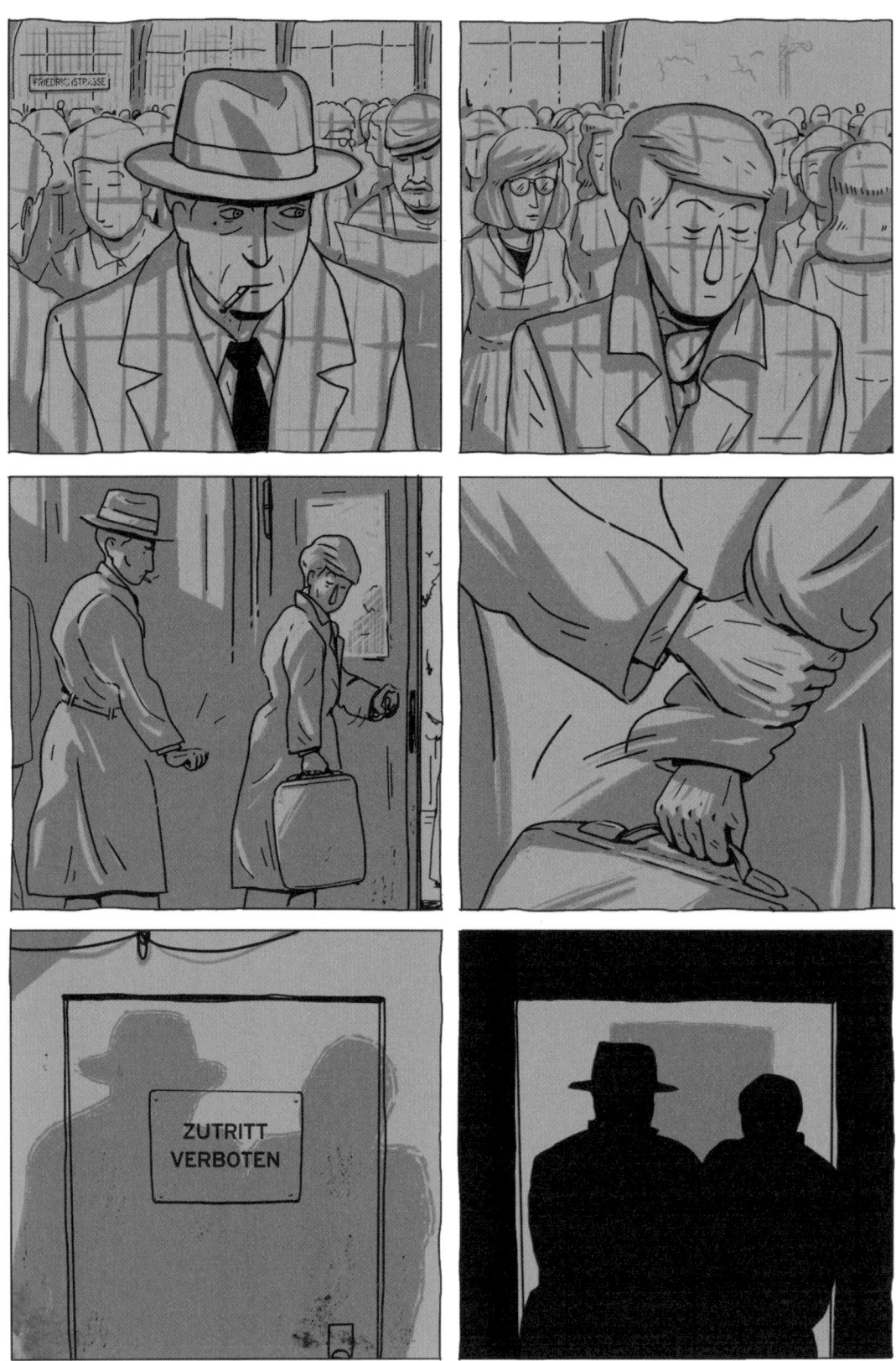

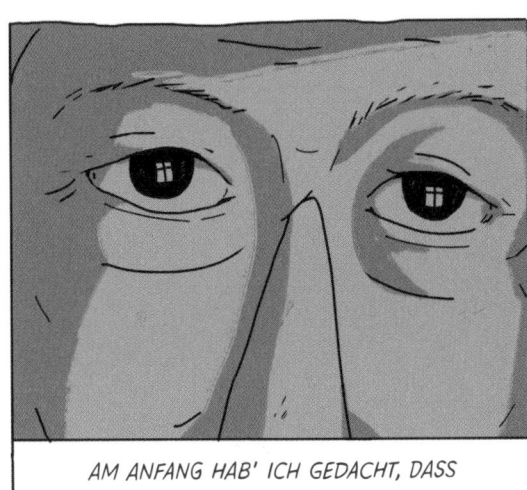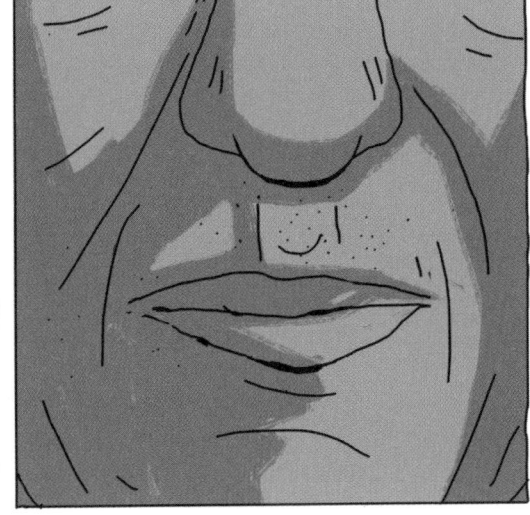

ICH HATTE JA NICHTS VERBROCHEN.

ODER?

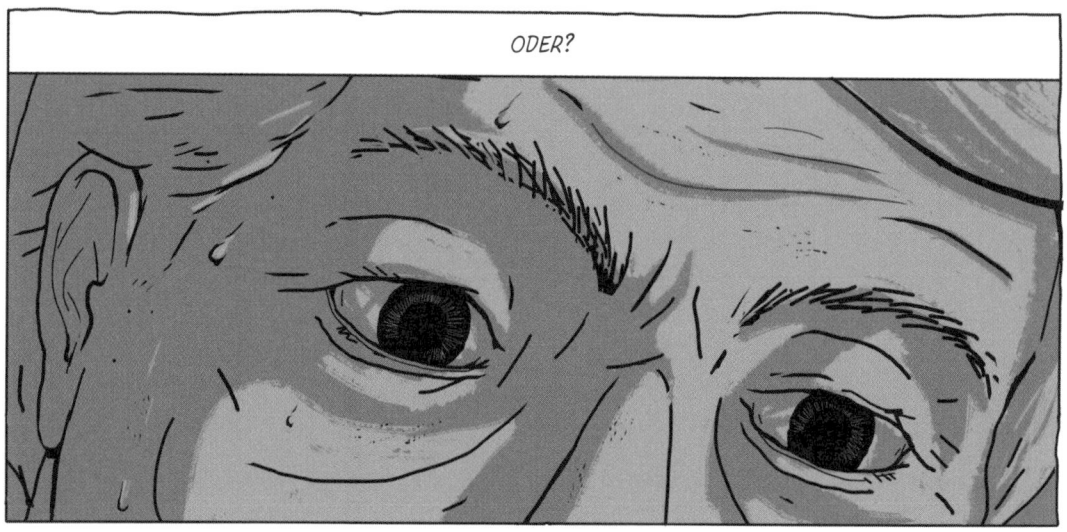

IN MEINEM KOPF BEGANNEN SICH ...

... DIE RÄDER DER ERINNERUNG ...

... ZU DREHEN.

METZE

| ANDREASRIED, ERFURT 1939 |

SPORT WAR DAMALS MEINE WELT. ICH BEWUNDERTE ...

... ERICH METZE.

KEINER FUHR SCHNELLER IM KREIS ALS ER.

UND KEINER FIEBERTE SO SEHR MIT WIE ICH.

* HITLERJUGEND, ** KLUFT DER HJ

DASS UNSRE ELTERN SOZIALDEMOKRATEN WAREN, DURFTE NIEMAND WISSEN. SCHLIESSLICH HATTE HITLER ALLE PARTEIEN AUSSER SEINER NSDAP* VERBIETEN LASSEN.

MUTTI VERSUCHTE, DIE POLITIK AUS UNSRER WOHNSTUBE FERNZUHALTEN. ABER DAS FUNKTIONIERTE NICHT.

ERST RECHT NICHT, SEIT WIR AUS UNSEREM DORF AM THÜRINGER WALD IN DIE STADT GEZOGEN WAREN.

* NATIONALSOZIALISTISCHE DEUTSCHE ARBEITERPARTEI

EIN PAAR WOCHEN NACH UNSEREM UMZUG NACH ERFURT BRANNTE DIE GROSSE SYNAGOGE AM KARTÄUSERRING. DIE FEUERWEHR WAR DABEI UND SCHAUTE ZU.

DAS WAR AM 9. NOVEMBER 1938.*

ICH KANNTE NUR WENIGE JUDEN UND HATTE NICHTS GEGEN SIE.

ABER BEIM JUNGVOLK ERZÄHLTEN SIE UNS PIMPFEN SCHAUERGESCHICHTEN UND VERTEUFELTEN ALLES JÜDISCHE.

* DIE ANTIJÜDISCHEN POGROME IM NOVEMBER 1938 WAREN VON DER NSDAP GELENKTE GEWALTAUSBRÜCHE UND FANDEN IM GESAMTEN DEUTSCHEN REICH STATT.

* „DIE FAHNE HOCH!", HYMNE DER NSDAP. SEIN VERFASSER, DER SA-MANN HORST WESSEL, WURDE ZUM HELD VERKLÄRT, NACHDEM ER 1930 VON KOMMUNISTEN GETÖTET WORDEN WAR.

NEUE GEDANKEN

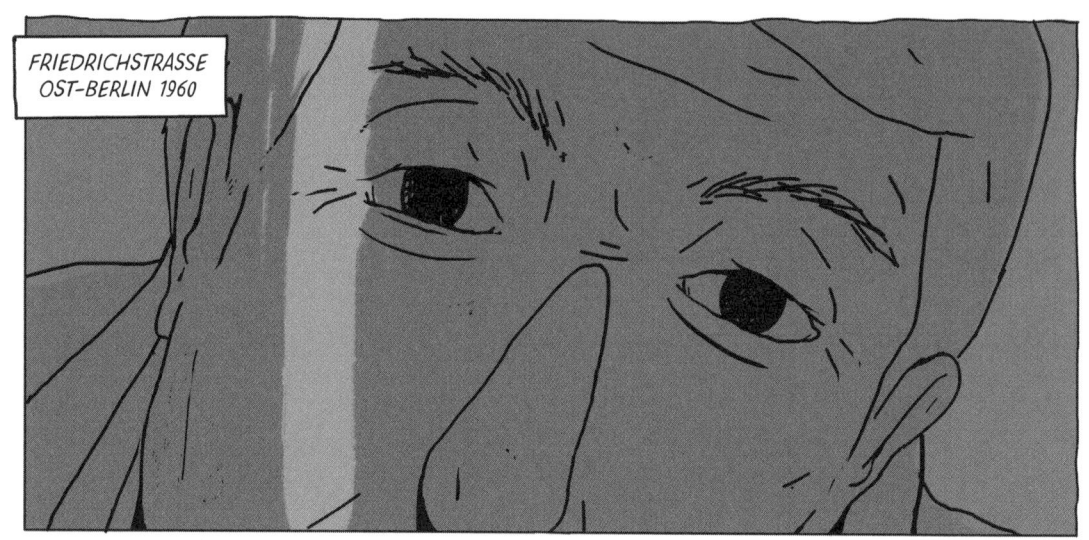

BEI DIESER VERREGNETEN PIMPFENPROBE KAMEN MIR DIE ERSTEN ZWEIFEL AM SYSTEM.

ABER WAS MACH' ICH HIER EIGENTLICH?

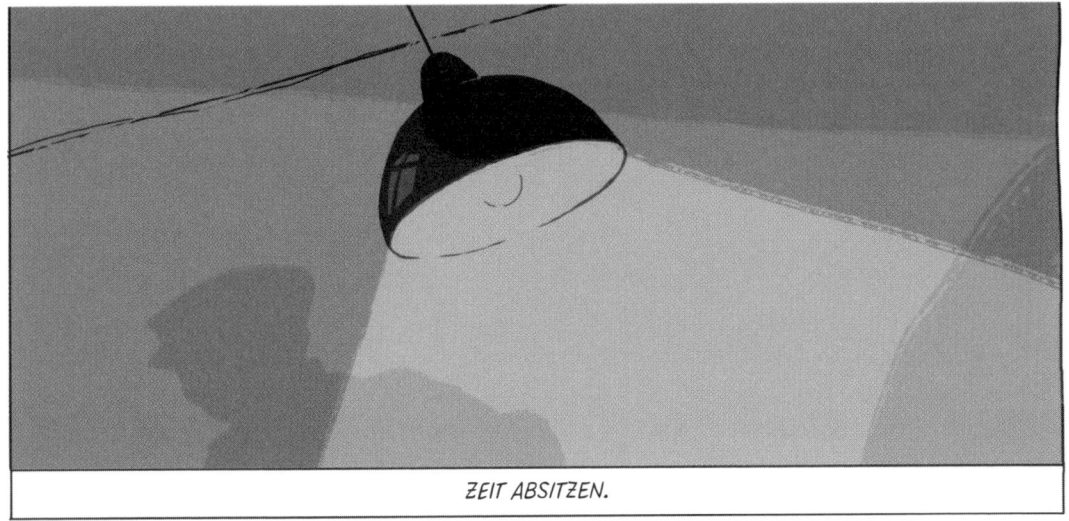

ZEIT ABSITZEN.

MEIN GOTT, WAS WAR DAS FÜR EIN SOMMER! ANNO 1942 ...

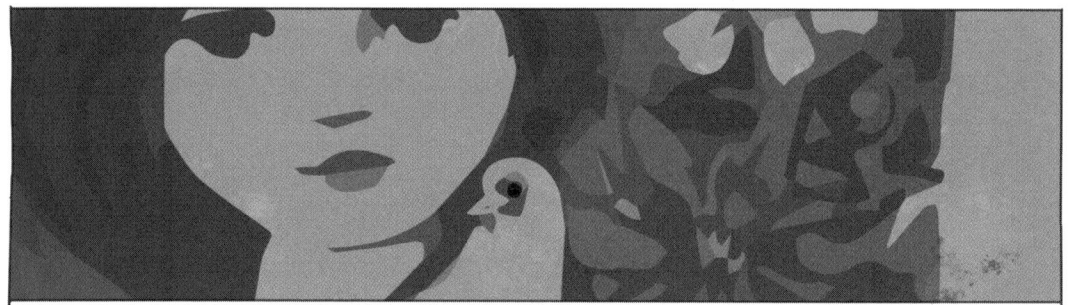

... DER KRIEG SCHIEN WEIT WEG UND BESTAND HAUPTSÄCHLICH AUS SIEGESMELDUNGEN UND ICH VERGUCKTE MICH IN DIE SCHWESTER MEINES TISCHNACHBARN.

ICH WAR 15 UND GERADE AN DIE HANDELSSCHULE GEWECHSELT. DORT TRAF ICH JOCHEN UND DORT LERNTE SICH AUCH UNSERE GRUPPE KENNEN.

WIR DACHTEN, WIR KÖNNTEN DIE WELT VERÄNDERN.

JOCHEN UND DIE ANDEREN

WEIHNACHTEN 1942

VILLA DER FAMILIE BOCK IN UHLSTÄDT.

ANFANG 1943 MUSSTEN WIR NACH BAD BERKA INS WEHRERTÜCHTIGUNGSLAGER DER HJ.

UNSER FEIND: DER RUSSE, EIN UNTERMENSCH

DORT FING ICH AN, DEN KRIEG ZU HASSEN.

* „KRAFT DURCH FREUDE" HIESS DIE NATIONALSOZIALISTISCHE MASSENORGANISATION ZUR FREIZEITGESTALTUNG DER BEVÖLKERUNG.

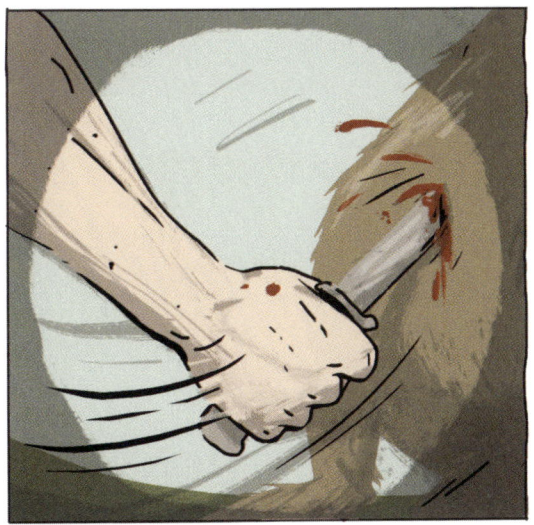

BLAUER DUNST

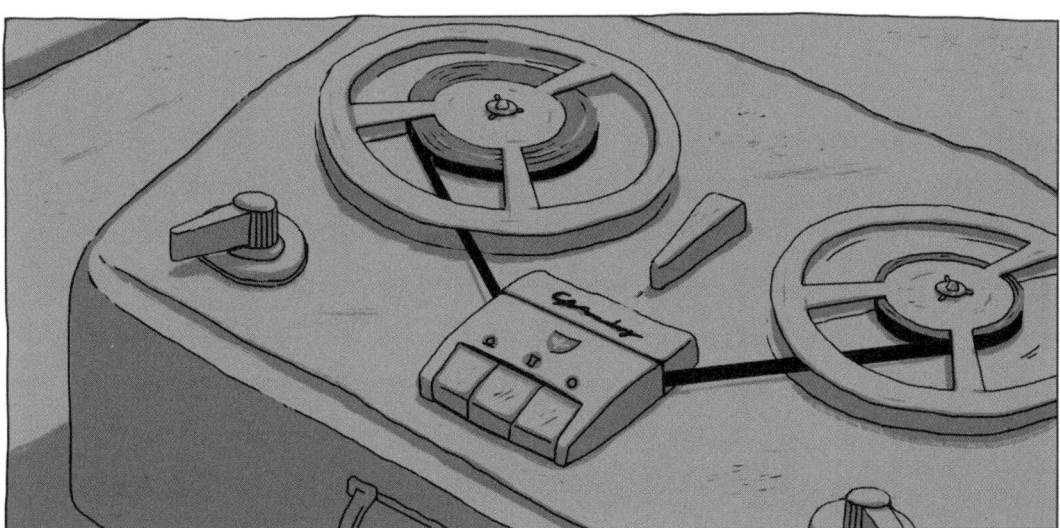

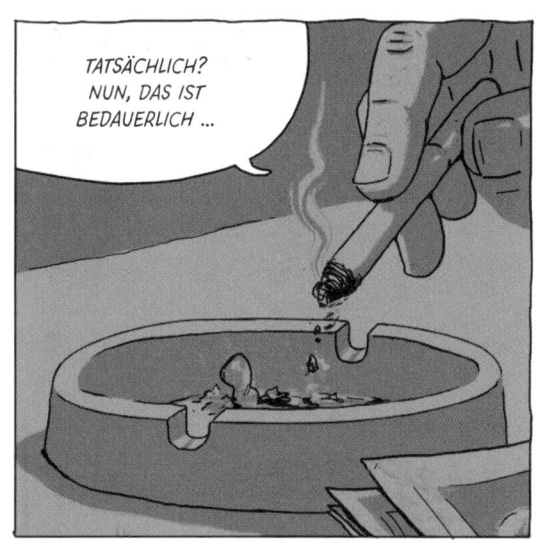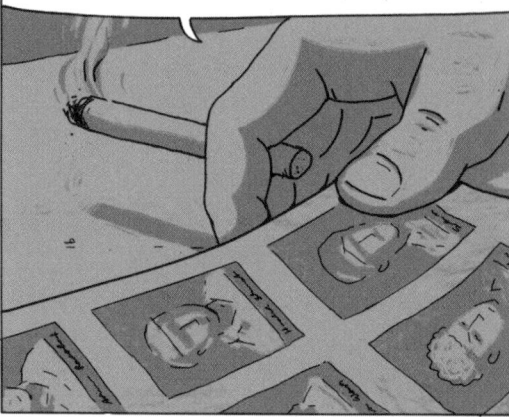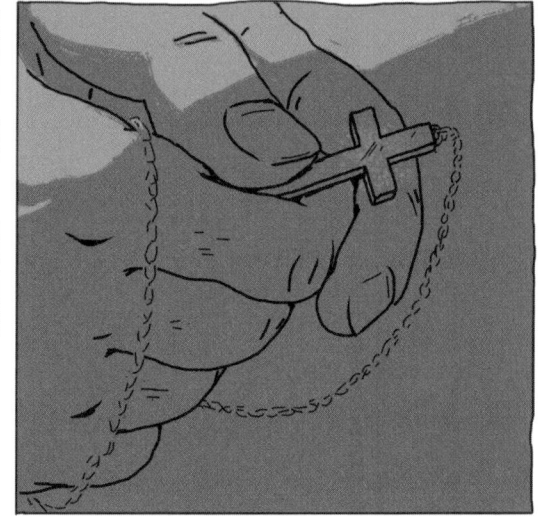

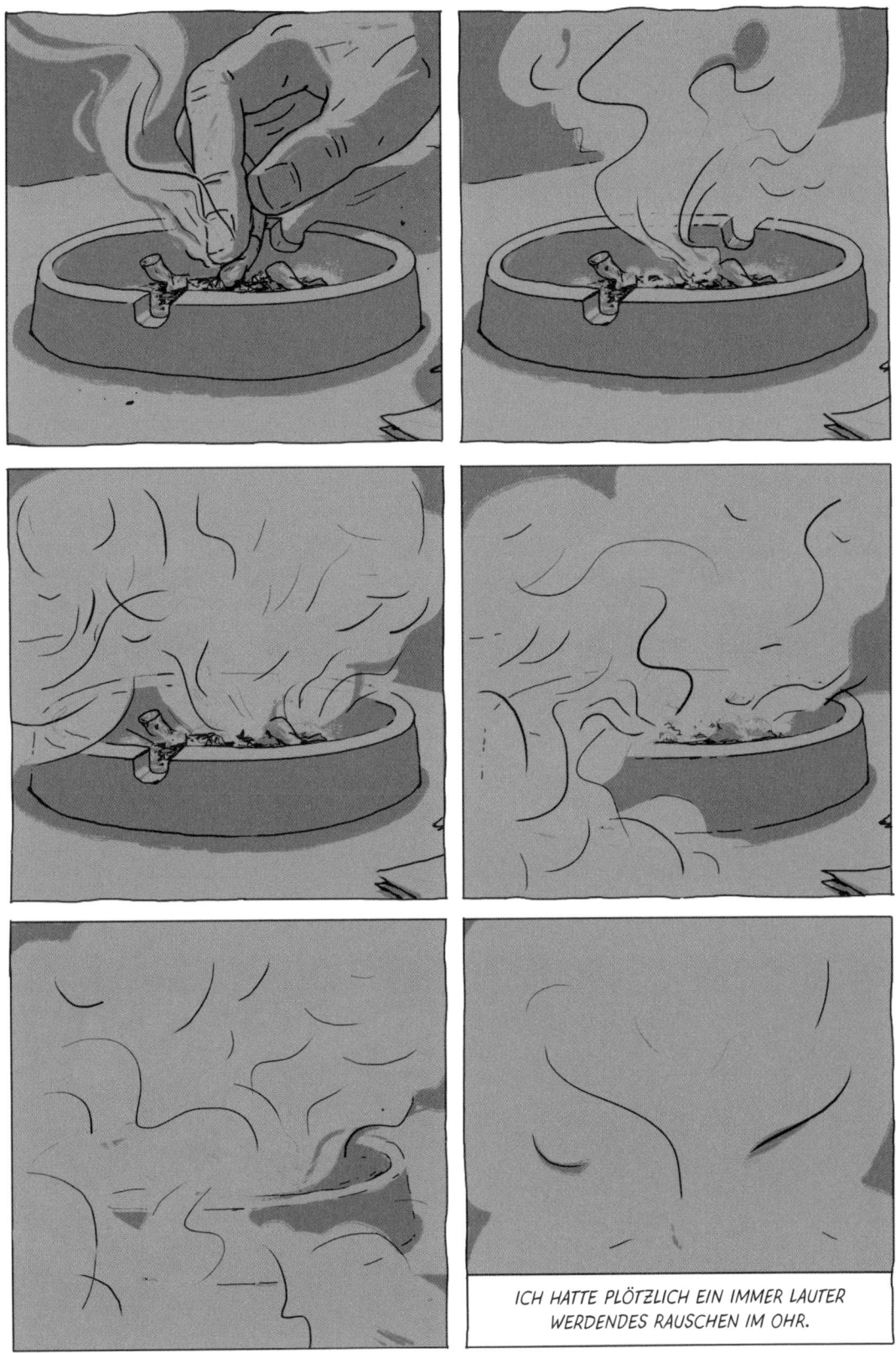

WIDERSTAND

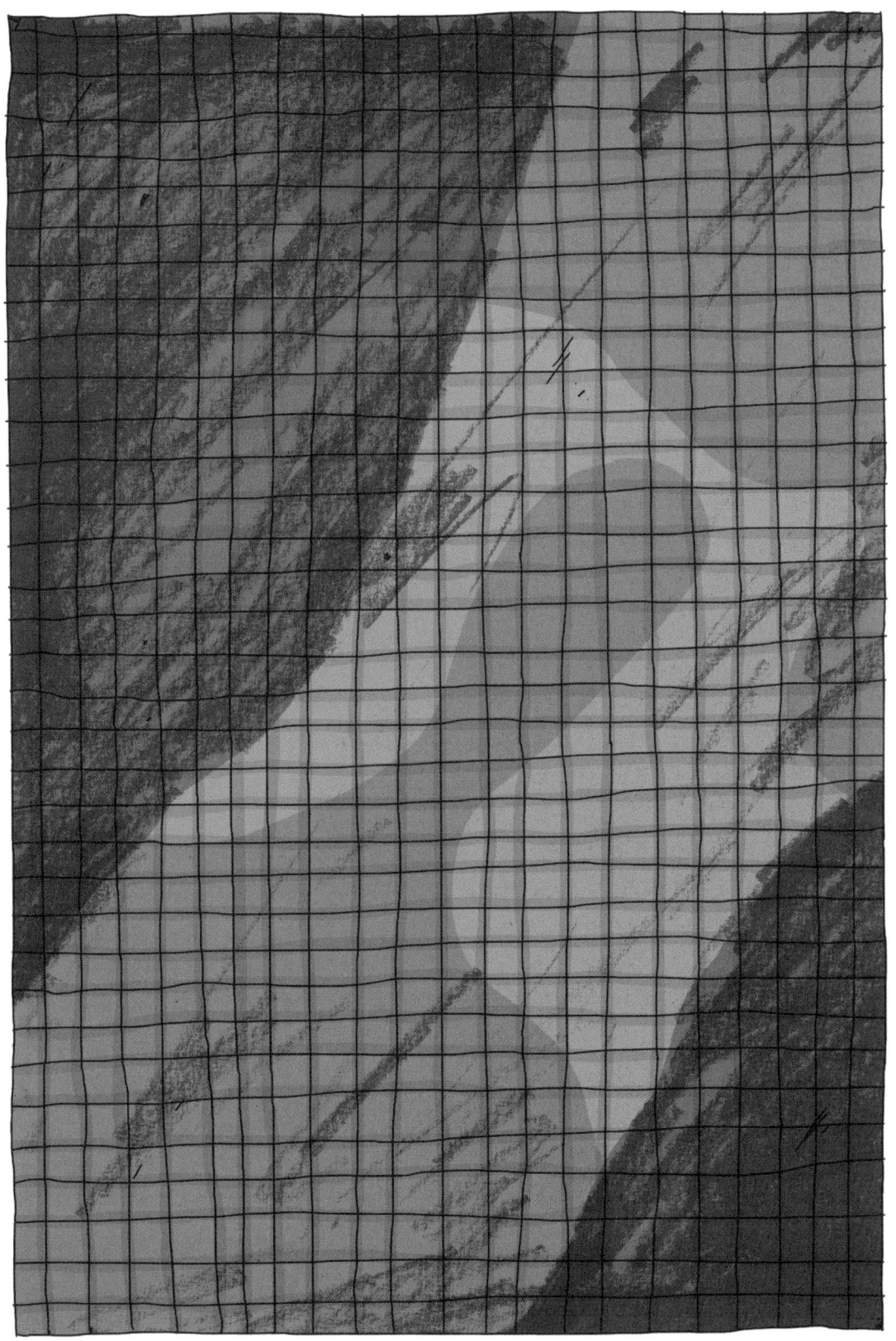

GEWALT- UND SABOTAGEAKTE VERWARFEN WIR. STATTDESSEN SETZTEN WIR AUF INFORMATION UND AUFKLÄRUNG.

UM MEHR ZU ERFAHREN, ALS DAS BRAUNE SYSTEM ZULIESS, MUSSTE MAN AUSLÄNDISCHE SENDER HÖREN.

DAS WAR RISKANT.

78

WIR WAREN ZU FÜNFT.

JOCHEN HIELT UNS AUF TRAB. BEGEISTERTE SICH UND UNS FÜR DIE INDISCHE UNABHÄNGIGKEITSBEWEGUNG. ER KONNTE UNGLAUBLICH ÜBERZEUGEND SEIN.

JOACHIM, ZUVOR EINER DER STRAMMSTEN HITLER-JUNGEN UNSERER SCHULE, WURDE SEIN ADJUTANT.

GERD, KAUFMANNSSOHN UND DENKER, WOLLTE UNS ERST VERPFEIFEN, BETEILIGTE SICH ABER NACH KURZER BEDENKZEIT AN DER FLUGBLATT-AKTION.

HELMUT, TREUE SEELE MIT HUMOR AUS KATHOLISCHEM ELTERNHAUS, MISSTRAUTE JOACHIM ANFÄNGLICH.

ICH TIPPTE DIE FLUGBLÄTTER AUF MEINER REISESCHREIBMASCHINE. WIR FÜNF WAREN …

... DIE ERFURTER ZELLE DES NATIONALKOMITEES FREIES DEUTSCHLAND.

WIR TRAFEN UNS ENTWEDER IN EINER KAMMER AUF DEM DACHBODEN DER HANDELSSCHULE, IN VERSCHIEDENEN CAFÉS DER STADT ODER ...

... IN JOCHENS BUDE.

ICH MUSS DIE HERREN BITTEN, DAS GRAMMOPHON LEISER ZU STELLEN. ES GAB BESCHWERDEN DER ANDEREN HAUSGÄSTE. HERR BOCK, WIR SIND EIN ANSTÄNDIGES HAUS!

SCHWESTER OLGA, WIR GELOBEN BESSERUNG. DIE MUSIK DIENTE ALLEIN DEM ZWECK, UNS AUF HÖHERE AUFGABEN VORZUBEREITEN.

WO BLEIBEN DIE ANDERN?

MÜSSTEN JEDEN AUGBLICK DA SEIN.

WIR HIELTEN DEN ZEITPUNKT FÜR GEKOMMEN, UM ZU HANDELN. DER VON DEUTSCHLAND AUSGEGANGENE KRIEG WAR INZWISCHEN IN DEUTSCHLAND ANGEKOMMEN.

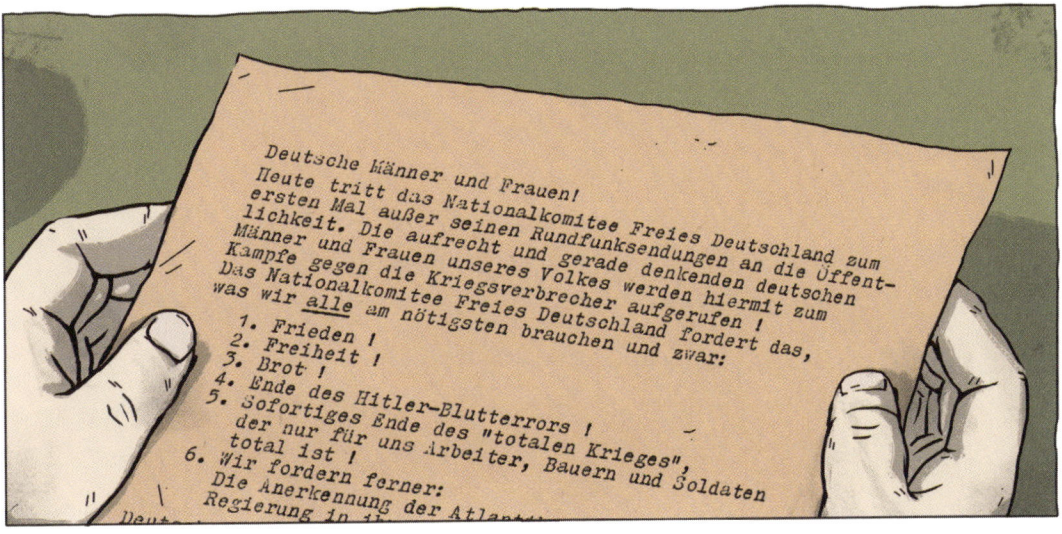

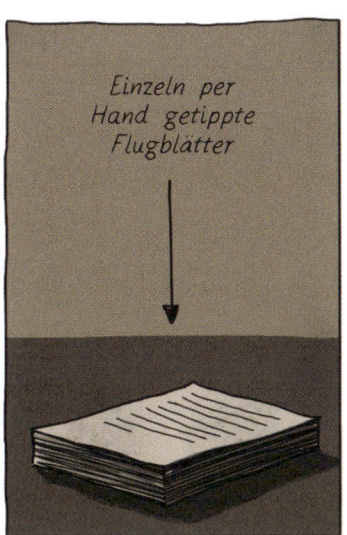

UNSERE AKTIONEN ERZIELTEN NICHT DIE ERHOFFTE WIRKUNG.

BEKANNTE UND FREUNDE, DENEN WIR DAS FLUGBLATT ZU LESEN GABEN, ...

... REAGIERTEN ÄNGSTLICH BIS ENTSETZT.

Joachim, die Plaudertasche

PLÖTZLICH GING ALLES GANZ SCHNELL. MEHRERE UNSERER SCHULKAMERADEN MUSSTEN UNS VERPFIFFEN HABEN.

AM 16. SEPTEMBER 1943 WURDE ICH VON DER GESTAPO ZU HAUSE VERHAFTET.

"HEIL HITLER!"

IM KELLER DES GESTAPOGEBÄUDES TRAF ICH HELMUT. ER HATTE GANZ ROTE WANGEN.

ICH GAB IHM EIN ZEICHEN, DASS KEINER AUSSER UNS FÜNF HINEINGEZOGEN WERDEN SOLL.

NACH DEN VERHÖREN UND DEN OHRFEIGEN BEI DER GESTAPO ...

„LIEBE MUTTI, AN DEN GEDANKEN, WEIHNACHTEN HIER DRINNEN VERBRINGEN ZU MÜSSEN, KANN ICH MICH NICHT GEWÖHNEN. ICH HABE DOCH NICHTS BÖSES GEWOLLT. ICH GEHE HIER JEDEN SONNTAG ZUM GOTTESDIENST, HIER HABE ICH TROST. ICH KANN NOCH GAR NICHT ERMESSEN, WAS ICH DIR, ÜBERHAUPT EUCH ALLEN ANGETAN HABE. OB ICH DAS JE NUR WIEDER GUT MACHEN KANN? ICH KANN NUR HOFFEN, DASS IHR MIR VERZEIHT." *

* ORIGINALZITATE AUS KARL METZNERS BRIEFEN AN SEINE MUTTER

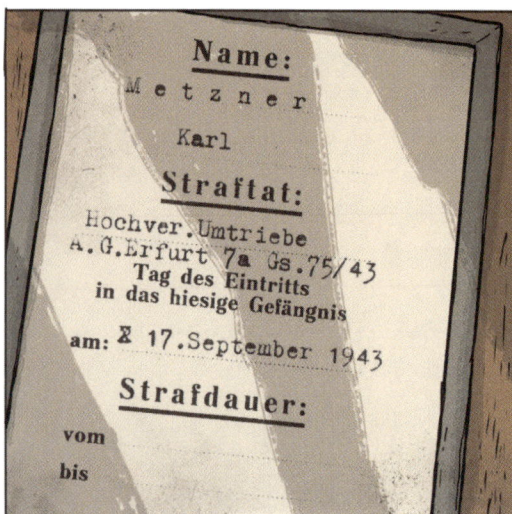

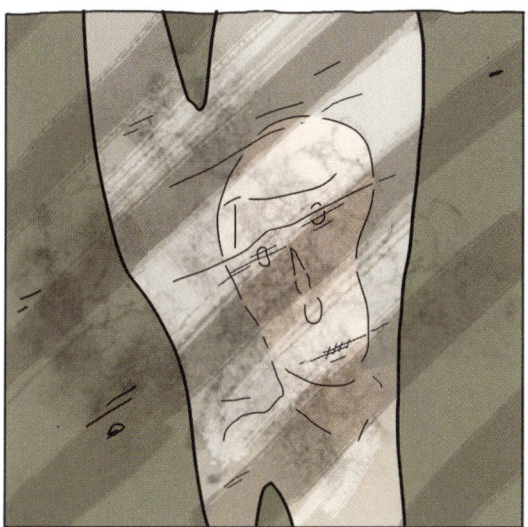

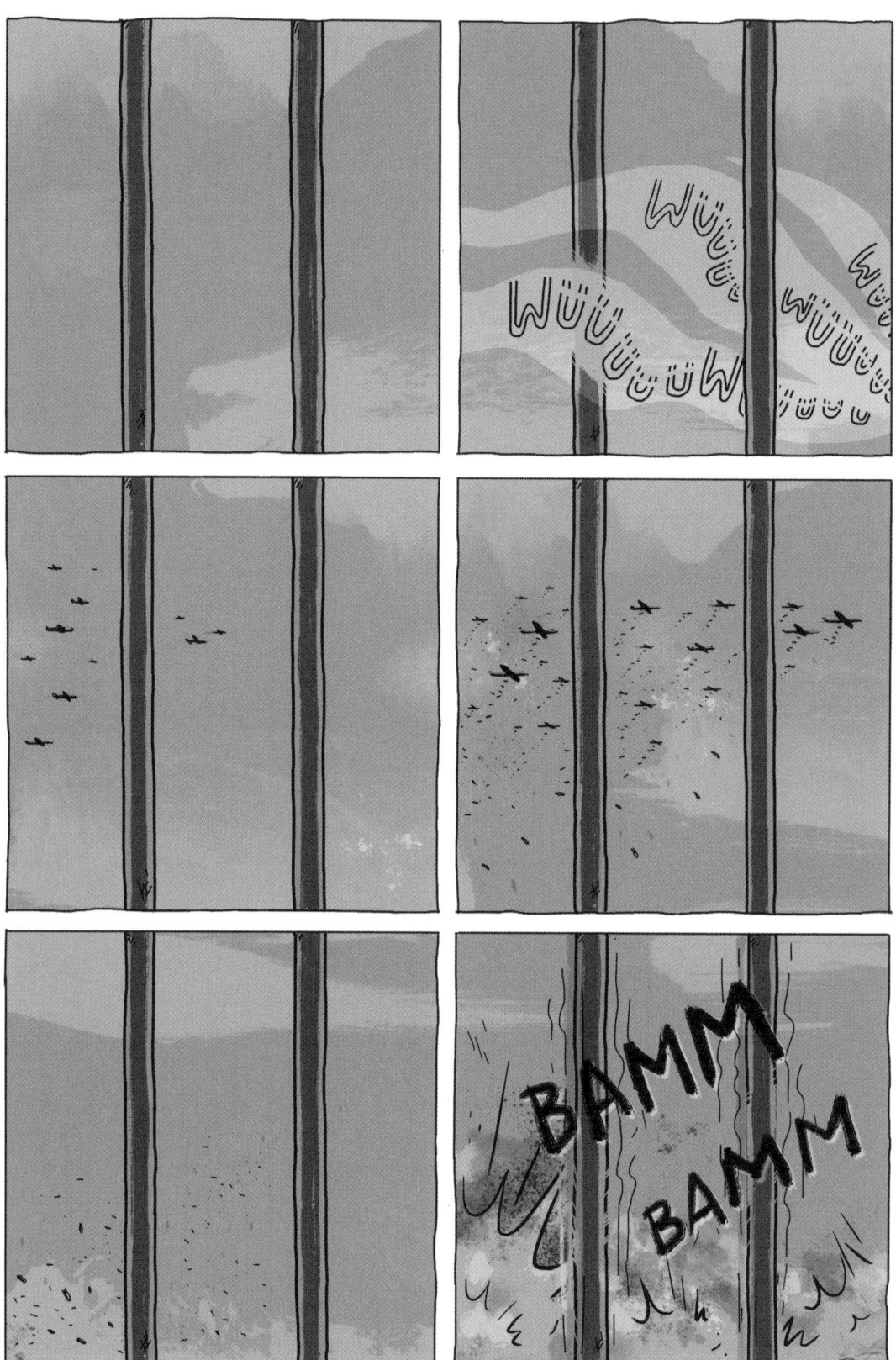

EINZIGER LICHTBLICK IM KNAST WAR DIE GEFÄNGNISBIBLIOTHEK.

DER HÄFTLING, DER SIE BETREUTE, SASS WEGEN § 175 EIN. FRITZ ROTHENBURG, EIN FEINSINNIGER MANN, SCHAUSPIELER VON BERUF.*

ER GAB MIR UND MEINEN FREUNDEN GUTE BÜCHER VON SHAKESPEARE UND SINCLAIR ZU LESEN. DAS HAT UNS DIE HAFT ERTRÄGLICHER GEMACHT.

DANN, AM 2. JUNI 1944, KAM ES ENDLICH ZUM PROZESS.

* NACH § 175 DES DEUTSCHEN STRAFGESETZBUCHES WAR HOMOSEXUALITÄT STRAFBAR. DIE NAZIS VERSCHÄRFTEN DAS GESETZ UND VERHÄNGTEN WEGEN ANGEBLICH „UNZÜCHTIGER HANDLUNGEN" UNTER MÄNNERN MEHRJÄHRIGE GEFÄNGNISSTRAFEN.

UNSER SCHULLI WAR AN DEM VERGLEICHSWEISE MILDEN URTEIL NICHT UNBETEILIGT.

VIELEN DANK, HERR SCHULZ, DASS SIE MEINEM KARL UND DEN ANDEREN JUNGS SO POSITIVE BEURTEILUNGEN GESCHRIEBEN HABEN.

GERD, HELMUT UND ICH WAREN SO GLÜCKLICH, DASS WIR UNS MASSLOS BETRANKEN. ICH WÄRE BEINAHE VOR FREUDE IN DIE GERA GEFALLEN.

IN DER SCHULE WAR KEIN PLATZ MEHR FÜR UNS. MICH SCHICKTEN SIE ERST IN EINE FABRIK, ...

... DANN ZUM REICHSARBEITSDIENST ...

... UND SCHLIESSLICH ZUR WEHRMACHT ALS PANZERGRENADIER AN DIE FRONT.

IN FRANKREICH WAR ICH DREI JAHRE IN KRIEGSGEFANGENSCHAFT UND LEISTETE ZWANGSARBEIT.

IN TOULON HALF ICH EINEM DEUTSCHEN PFARRER, GEFALLENEN SOLDATEN IHRE NAMEN WIEDERZUGEBEN.

DORT FAND ICH ZUM GLAUBEN UND LIESS MICH KONFIRMIEREN.

KLÄRUNG EINES SACHVERHALTS

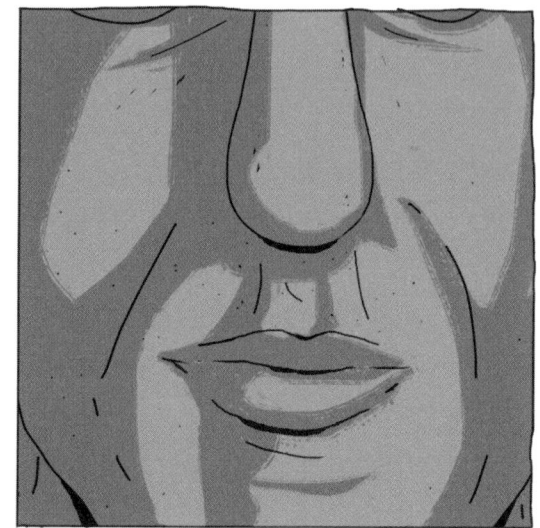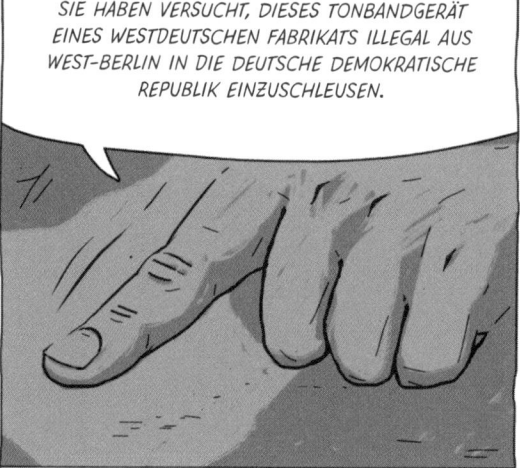

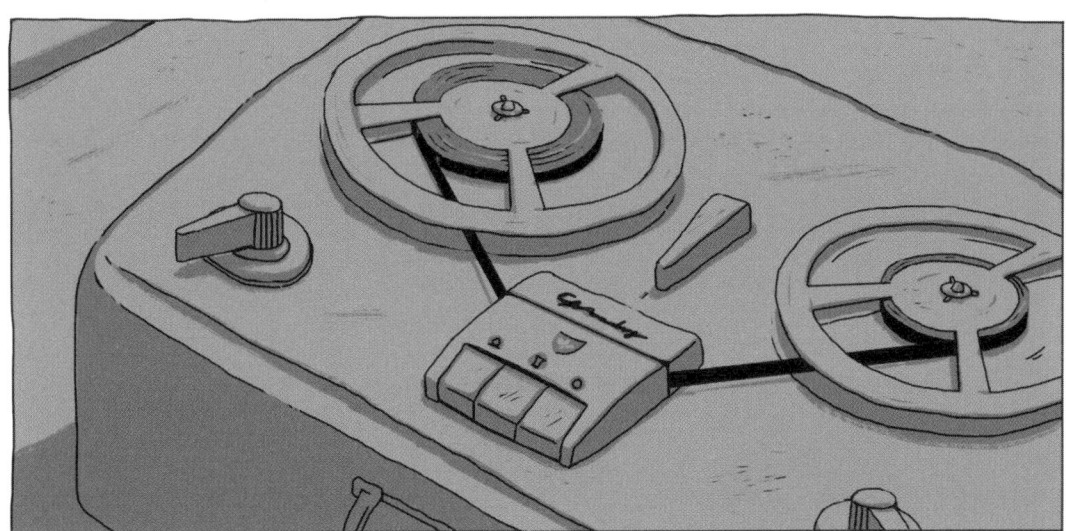

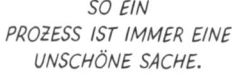

* DEUTSCHLAND IST SEIT 1949 GETEILT IN ZWEI VERFEINDETE STAATEN: DIE BRD (BUNDESREPUBLIK DEUTSCHLAND) IM WESTEN UND DIE DDR (DEUTSCHE DEMOKRATISCHE REPUBLIK, SELBSTBEZEICHNUNG AUCH: ARBEITER- UND BAUERNSTAAT) IM OSTEN.

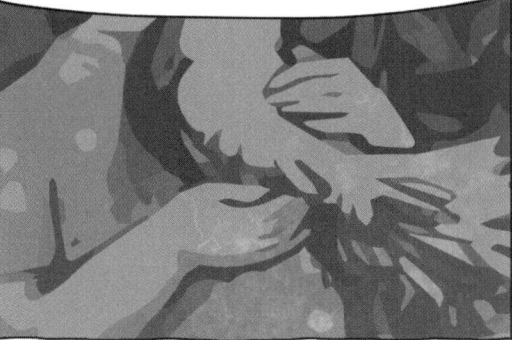

* MIT DER JUGENDWEIHE SOLLTEN SICH HERANWACHSENDE ZUM STAAT DDR BEKENNEN.

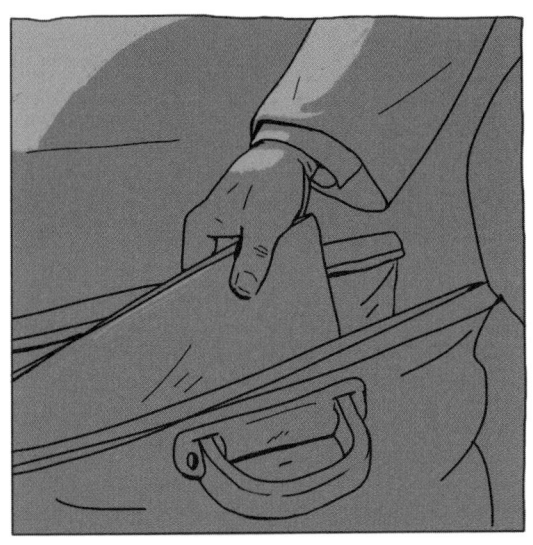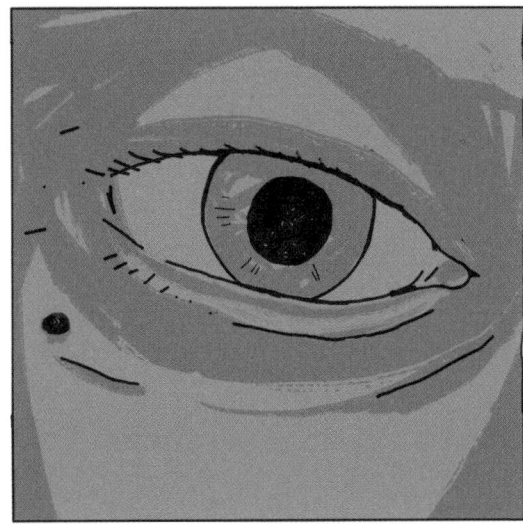

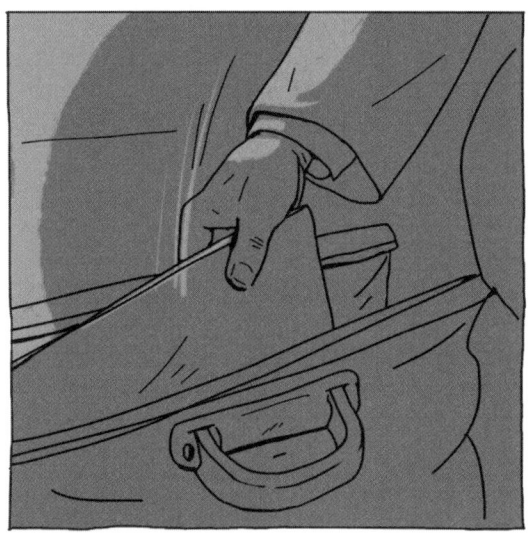

WIEDERSEHEN

... WAR ICH 1948 ZUERST NACH THÜRINGEN ZURÜCKGEKEHRT.

DAS GROSSZÜGIGE ANGEBOT VON JOCHEN BOCKS ELTERN, MIR AN SOHNES STATT DIE LEITUNG DER PORZELLANFABRIK ZU ÜBERTRAGEN, LEHNTE ICH DANKEND AB.

SIE ERZÄHLTEN MIR VON JOCHENS HAFT IN HOHENECK UND SEINEM TOD DURCH TUBERKULOSE IM JAHR 1947.

... HIELT ICH MEINE ERSTE PREDIGT IN DER NIEDERLAUSITZ.

KARL

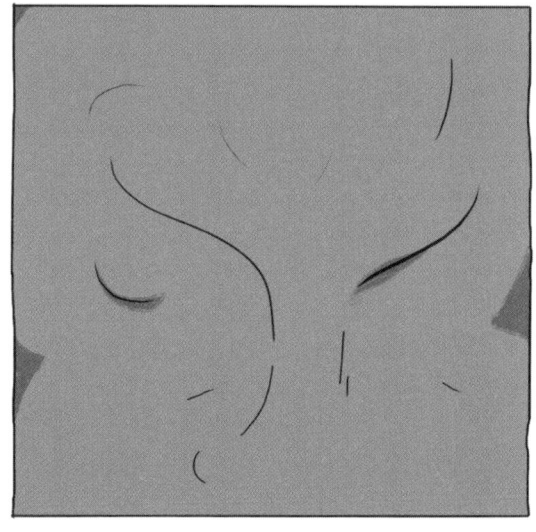

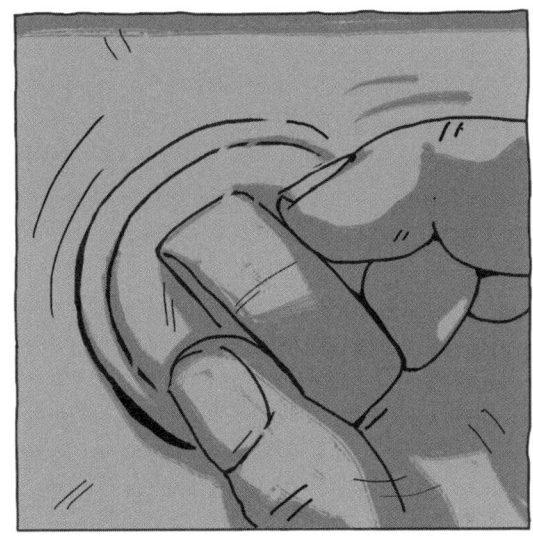

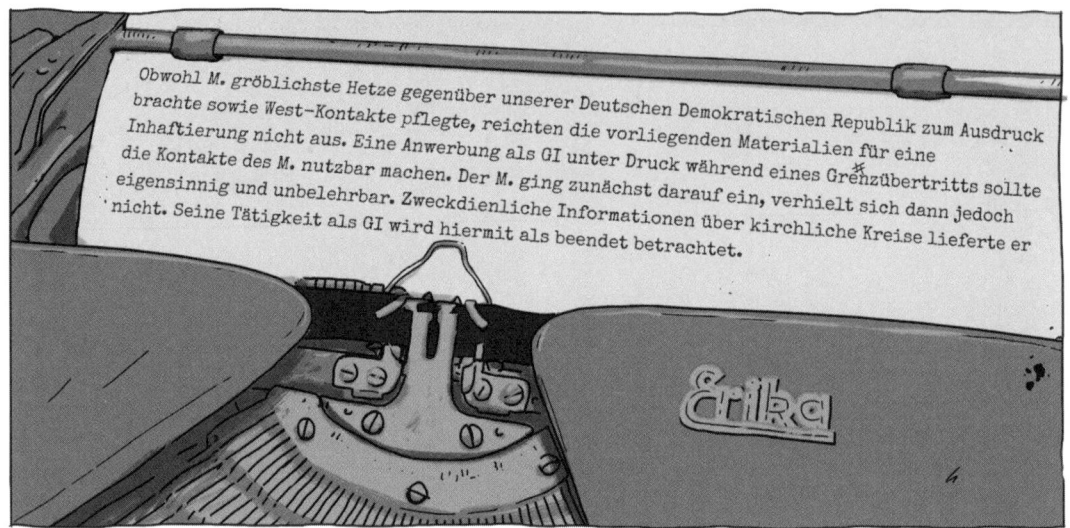

* GI BEDEUTET „GEHEIMER INFORMATOR" DES MINISTERIUMS FÜR STAATSSICHERHEIT (STASI), SPÄTER INOFFIZIELLER MITARBEITER (IM) GENANNT.

Historischer Hintergrund

Aus Straßenbahnen wie dieser warfen Karl und seine Freunde ihre Flugblätter, wenn sie sich unbeobachtet fühlten (im Hintergrund der Erfurter Dom, rechts daneben die Severikirche), Aufnahme um 1944. Foto: Stadtarchiv Erfurt

Die Geschichte der Widerstandsgruppe um Jochen Bock ...

... blieb lange unerzählt. Das lag daran, dass in der DDR offiziell nur eine bestimmte Art von Antifaschismus als erinnernswert galt: Aktionen von Mitgliedern der Kommunistischen Partei (KPD).
Bei Karl Metzner, Jochen Bock, Gerd Bergmann, Helmut Emmerich und Joachim Nerke aber war die Situation komplizierter. Die fünf Schüler handelten zwar unter dem Einfluss eines kommunistisch orientierten Radiosenders, doch sie kamen aus Elternhäusern mit ganz unterschiedlichen politischen Einstellungen. Ihre Familien waren sozialdemokratisch, (groß)bürgerlich, christlich, liberal und nationalsozialistisch geprägt. Die Jungen handelten aus eigenem Antrieb, ohne Auftrag einer Partei. Erst 25 Jahre nach der deutschen Wiedervereinigung fand die Widerstandsgruppe um Jochen Bock späte Anerkennung, als Studierende der Universität Erfurt die 70 Jahre zurückliegenden Ereignisse recherchierten und aufschrieben.

Heute wissen wir, dass die Erfurter Handelsschüler viel riskiert haben. 1943 fangen sie an, verbotene ausländische Radiostationen zu hören: Durch Sendungen aus England, der Schweiz und der Sowjetunion erfahren sie von den Greueln des Krieges. Jochen Bock, dessen Bruder in Stalingrad gefallen ist, notiert Aufrufe zum Widerstand des „Nationalkomitees Freies Deutschland" aus Moskau. Die ehemals überzeugten Hitlerjungen wandeln sich zu Gegnern des Nationalsozialismus. Sie stellen Flugblätter her, werfen sie in Briefkästen und aus Straßenbahnen. „Schluß mit dem Krieg!" und „NIEDER MIT HITLER!" schreiben sie an Schutzhütten im Erfurter Steigerwald. Sie werden von Mitschülern verraten, von der Gestapo verhaftet und im Gefängnis in der Andreasstraße eingesperrt. Nach mehr als acht Monaten Untersuchungshaft kommt es im Juni 1944 zum Prozess. Die Anklage: „Rundfunkverbrechen" und „Vorbereitung eines hochverräterischen Unternehmens".
Den 15- und 16-jährigen Jungen droht die Todesstrafe. Doch ihr Klassenlehrer Albrecht Schulz, selbst NSDAP-Mitglied, setzt sich mit positiven Gutachten für sie ein. Die Schüler kommen mit Haftstrafen davon. Nach der Urteilsverkündung trennen sich ihre Wege. Zwei von ihnen landen später im Westen, zwei im Osten, und einer bleibt für immer unauffindbar ...

Biografien

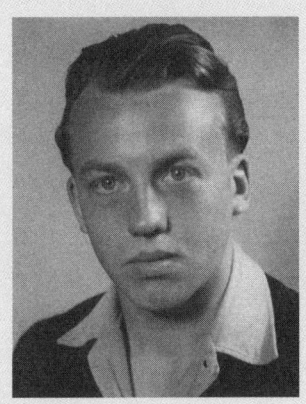

Karl Metzner 1949

Karl Metzner
wird am 1. Oktober 1927 in Großbreitenbach im Thüringer Schiefergebirge geboren. Karl gehört dem Jungvolk an, später der Hitlerjugend. Dank eines Stipendiums darf er die (schulgeldpflichtige) Handelsschule in Erfurt besuchen. Hier lernt er Jochen Bock kennen und wird Mitglied der Widerstandsgruppe. Die Flugblätter entstehen auf Karl Metzners Schreibmaschine. Im Gefängnis leidet Karl Todesangst. Doch er hat Glück und wird vor Gericht nur als „Mitläufer" eingestuft und, wie Emmerich und Bergmann, wegen „Beihilfe an der Vorbereitung eines hochverräterischen Unternehmens" zu einer Haftstrafe verurteilt, die durch die Untersuchungshaft abgegolten ist. Anschließend muss er zur Wehrmacht. In US-amerikanischer Kriegsgefangenschaft in Frankreich findet er zum christlichen Glauben.

In der DDR wird er evangelischer Pfarrer und jahrelang vom Ministerium für Staatssicherheit (MfS) beobachtet. Mit erpresserischen Methoden versucht das MfS, ihn zur Mitarbeit zu zwingen. Als „Geheimer Informator" (GI) soll er Berichte aus Kirchenkreisen liefern. Doch Karl Metzner hält die Stasi sechs Jahre lang hin und verweigert Informationen. Schließlich stellt die Stasi 1966 ihr Werben um Spitzeldienste bei ihm ein. Nun steht Karl Metzner wieder als „staatsfeindlicher Kirchenvertreter" unter Beobachtung. Seine „Einstellung zu unserer Gesellschaftsordnung", heißt es in seiner Akte, „ist allgemein als negativ bekannt". Immer wieder wagt er Protest. Er boykottiert die Volkskammerwahlen und reicht dazu eine schriftliche Erklärung ein. Er gehört zu den Mitbegründern der unabhängigen Friedensbewegung in der DDR. Dabei weicht die Angst, erneut inhaftiert zu werden, nie von seiner Seite. 1989 ist Karl Metzner einer der Akteure der Friedlichen Revolution. Er lebt heute in Erfurt.

Jochen Bock

(eigentlich: Joachim Bock) wird am 23. April 1927 in Reichmannsdorf im thüringischen Kreis Saalfeld geboren. Der Sohn eines Porzellanfabrikanten wächst im Wohstand auf und genießt manche Freiheiten, u. a. bewohnt er eine eigene „Bude" in Erfurt. Als sein älterer Bruder, den er sehr geliebt hat, an der Ostfront stirbt, bricht Jochen Bock mit dem Nazi-Regime und hört Radiosendungen aus Moskau ab. In der Schule spricht er offen über die Vorzüge der parlamentarischen Demokratie. Auf Jochens Initiative gründen die fünf Freunde die „Ortsgruppe Erfurt" des „Nationalkomitees Freies Deutschland". Jochen Bock wird vor Gericht als „Rädelsführer" zu einer Haft von unbestimmter Länge verurteilt und ins Jugendgefängnis Hoheneck verlegt. Dort ist er bis zum Kriegsende 1945 eingesperrt. Nach seiner Befreiung kehrt er in sein Elternhaus in Uhlstädt zurück. Jochen Bock stirbt im Alter von nur 20 Jahren am 20. November 1947 an Tuberkulose, vermutlich als Folge der schlechten Haftbedingungen. Seit 2014 vergeben der Förderkreis Erinnerungsort Topf & Söhne e. V. und die Martin-Niemöller-Stiftung den Jochen-Bock-Preis für Zivilcourage.

Jochen Bock 1947

Gerd Bergmann 1951

Gerd Bergmann

wird am 21. März 1928 in Großrudestedt geboren. Dort haben seine Eltern ein Textilgeschäft. Gerd soll eigentlich auch Kaufmann werden, doch es kommt anders. Er ist 16, als er aus der Haft entlassen wird, kurz darauf muss er zur Wehrmacht. Aus amerikanischer Kriegsgefangenschaft kehrt er zurück in seinen Heimatort. Er tritt in die KPD ein und wird nach Gründung der Sozialistischen Einheitspartei (SED) automatisch als Mitglied übernommen. Er macht Abitur und studiert Jura in Jena. Als Anwalt und Mitglied der DDR-Staatspartei übernimmt er verschiedene Ämter, ist u. a. Vorsitzender des Kollegiums der Rechtsanwälte im Bezirk Erfurt. Er ist der einzige der fünf Freunde, der seine Erlebnisse in der Widerstandsgruppe ausführlich aufschreibt. Das Romanfragment *Freiheitskämpfer* bleibt zeitlebens unveröffentlicht. Gerd Bergmann stirbt im Alter von 83 Jahren am 12. Oktober 2011.

Helmut Emmerich 1948

Helmut Emmerich
wird am 13. Mai 1928 in Hermeskeil nahe Trier geboren und wächst in einem katholisch geprägten Elternhaus auf. Der Vater ist gewerkschaftlich organisiert und verliert wegen NS-kritischer Äußerungen seine Anstellung bei der Bahn. Die Emmerichs ziehen nach Erfurt, wo Helmut die Handelsschule besucht und sich der Widerstandsgruppe anschließt. Nach seiner Entlassung aus fast neunmonatiger Haft muss er zur Wehrmacht. Aus sowjetischer Kriegsgefangenschaft entkommt er nach Erfurt, wo er seine kaufmännische Ausbildung abschließt und sich der neu gegründeten CDU anschließt. Im Jahr 1954 flieht er mit seiner Frau und den beiden Söhnen in den Westen. In Nürnberg gründet Helmut Emmerich 1962 eine Firma für Kühlmöbel und wird Mitglied der CSU. Nach der Wiedervereinigung gründet er eine Firmenniederlassung in Erfurt und bietet Jugendlichen Ausbildungsplätze in seiner alten Heimat an. Helmut Emmerich stirbt im Alter von 85 Jahren am 4. März 2014 in Fürth. Aus seinem Nachlass stammen einige wichtige Dokumente zur Widerstandsgruppe.

Joachim Nerke 1945

Fotos: Sammlung Gedenkstätte Andreasstraße

Joachim Nerke
wird am 24. Juni 1928 als Kind regimetreuer Eltern geboren. Er zeigt eine große, beinahe fanatische Begeisterung für das Militär und das Soldatentum. Wie die anderen Schüler ist auch er in der Hitlerjugend aktiv. Erst unter Jochen Bocks Einfluss distanziert er sich vom NS-Staat. Gemeinsam mit Jochen Bock schreibt er Anti-Hitler-Parolen auf Schutzhütten im Erfurter Steigerwald. Seine Versuche, Mitglieder für die Widerstandsgruppe zu werben, schlagen fehl. Um der Verhaftung zu entgehen, zieht er schließlich seinen HJ-Bannführer ins Vertrauen. Vor Gericht versucht Joachim Nerke sich herauszureden, er habe die Widerstandsgruppe als Agent der HJ unterwandern wollen. Er erhält jedoch nach Jochen Bock die zweithöchste Strafe: ein Jahr und sechs Monate. Erst 1945 wird er aus dem Gefängnis in Bautzen entlassen. Nach dem Krieg arbeitet er bei der Stadt Erfurt und ist Mitglied der FDJ. Als er wegen Schwarzmarktgeschäften zu einer Haftstrafe verurteilt wird, entzieht er sich durch Übersiedlung nach Westdeutschland. In der DDR wird ihm sein Status als „Verfolgter des Naziregimes" aberkannt. Nerkes Spur verliert sich in Brasilien.

Bl.31   Am 24.8.1943 trat Bock während der Schulpause noch an
einige andere Klassenkameraden heran und warb für die Ziele des
NKFD. Am 25.8.1943 tat er dasselbe bei den Mitangeschuldigten
Bl.31 ff   Metzner und Emmerich, wobei er letzteren unter Hinweis auf
41 R ff.   ihre bisherige Freundschaft zum Stillschweigen verpflichtete
und Nerke als bereits gewonnenen Gesinnungsgenossen vorstllte.
Nach Schulschluss begaben sich Nerke und Bock in dessen Wohung,
wo beide wiederum auf die Ziele des NKFD zu sprechen kamen.
Bl.31 R.   Dabei machte Bock mit einem Blick auf ein an der Wand hängendes
78   Führerbild die Bemerkung:
           " der kommt auch noch weg."
Bl.31 R,   Anhand von Notizen, die Aufzeichnungen aus den abgehörten
42   feindlichen Rundfunksendungen enthielten, setzte er sodann
mit Nerke im Stenogramm ein Flugblatt auf, das zu Werbungs-
zwecken zur Verteilung gebracht werden sollte. Der Angeschuldigte
Metzner, der inzwischen vereinbarungsgemäss auch erschienen
war, fertigte nach dem Stenogramm auf einer Schreibmaschine des
Bock drei Ausfertigungen des Flugblattes an, von denen jeder
dieser drei Angeschuldigten für sich ein Stück behielt. Dieses
Flugblatt hatte folgenden Wortlaut:

                    "Im August 1943
Bl.6   D e u t s c h e   M ä n n e r   u n d   F r a u e n !

           Heute tritt das "National-Kommitee-Freies Deutsch-
           land" zum ersten Male ausser seinen Rundfunksendungen
           an die Öffentlichkeit. Die aufrecht und gerade denken-
           den deutschen Männer und Frauen unseres Volkes werden
           hiermit zum Kampfe gegen die Kriegsverbrecher aufgeru-
           fen!
           Das "National-Kommitee-Fries Deutschland" fordert das,
           was wir alle am nötigsten brauchen und zwar:
           1.) F r i e d e n !
           2.) F r e i h e i t !
           3.) B r o t !
           4.) E n d e d e s H i t l e r - B l u t t e r r o r s !
           5.) S o f o r t i g e s   E n d e des "T o t a l e n
               K r i e g e s", der nur für und Soldaten, Arbeiter
               und Bauern t o t a l ist!
           6.) Wir fordern ferner: Die Anerkennung der Atlantik-
               Charta durch die Regierung in Ihrem w a h r e n
               Sinne!
           Damit das Ende des Bombenkrieges und der Blockade,
           die nur gegen die Nazis gerichtet sind. In der
           Atlantik-Charta wurde von den vereinten Demokra-
           tien folgendes festgesetzt: 1. Ein auf einer gesun-
           den, wirtschaftlichen und sozialen Grundlage auf-
           gebaut Frieden für Deutschland. Eine stabile Frei-
           heit für uns, Wiedererhaltung unserer Kolonien und
           Einführung der freien Meinung in Presse usw. nach
           dem Vorbild der Demokratie!

           Deutsche Männer und Frauen, lasst Euch nicht weiter ver-
           hetzen, sondern hört auf uns! Dieser kleine Hinweis auf
           unserer Existenz möge für heute genügen. Wir lassen wei-
           ter von uns hören.
                Wer für Hitler kämpft, kämpft gegen Deutschland!
                Es lebe unser freies Deutsches Volk!
                Das "Natoinal-Kommitee-Freies Deutschland"
                (gez.) Weinert, Präsident und Vorsitzender.
                (gez.) Major Karl Hess, 1.Vize-Präsident.
                (gez.) Leutnant Heinrich Graf von Einsiedel, 2.Vize-Präsi

Text des Flugblattes der Widerstandsgruppe (Abschrift aus den Gerichtsakten); Sammlung Gedenkstätte Andreasstraße

Lehrer Albrecht Schulz (der sich für Karl und dessen Freunde einsetzte) beim Klassenausflug 1943; Foto: Privatarchiv Gerhard Laue

Freunde beim Wanderausflug im Thüringer Wald 1943, vorne Karl Metzner, links dahinter Jochen Bock, links daneben Gerd Bergmann; Sammlung Gedenkstätte Andreasstraße

Hamed Eshrat und Jochen Voit überreichen Karl Metzner zu dessen 90. Geburtstag 2017 eine Originalzeichnung, die Karl als Jungen zeigt.

Foto: Noemi Burgenmeister

Über Karl und den Comic

Karl Metzner steht nicht gerne im Mittelpunkt. Dabei war er Pfarrer und müsste das Im-Mittelpunkt-Stehen eigentlich gewohnt sein. Er spricht auch nicht gerne über sich. Lieber drückt er einem Flyer in die Hand, die zu Friedensdemos aufrufen, oder empfiehlt nachdrücklich aktuelle politische Bücher. Trotzdem haben wir ihm immer wieder Fragen über sein Leben gestellt und irgendwann gemerkt, dass dieses Leben eine aufschreibens- und zeichnenswerte Geschichte ist. Sie handelt von Widerstand und Opposition in zwei deutschen Diktaturen. Es bedurfte einiger Überredung, Karl Metzner das Medium Comic schmackhaft zu machen. Doch dann gab er dem Projekt, nach einiger Bedenkzeit, seinen Segen. 1000 Dank an Karl Metzner und seine Familie!

Wir danken außerdem Gerhard Laue (Wuppertal), Karls ehemaligem Tischnachbarn aus der Handelsschule, sowie Halka Müller-Bergmann (Eisenach) und Frank Emmerich (Fürth) für inspirierende Erzählungen und Dokumente. Dem Stadtarchiv Erfurt danken wir für die Fotos aus der NS-Zeit. Dank geht an Christiane Kuller, Annegret Schüle, Rebecca Schubert, Eva Nagler, Paul Pasch, Fabrice Braun, Andreas Platthaus, Martin Gandela, Johannes Voit, Hartmut Voit, Mawil, Sören Marotz und das DDR Museum, Raban von Buttlar, Judith Mayer und Stefan Hellmuth für Anregungen und Korrekturen. Wir danken dem Team der Stiftung Ettersberg/Gedenkstätte Andreasstraße für konstruktive Kritik und dem Team des avant-verlags fürs Auf-die-Welt-Bringen. Für ihre Geduld danken wir Susanne Ogan und Maria Horn.

Die Widerstandsgeschichte der Erfurter Handelsschüler haben Christiane Kuller, Annegret Schüle und Jochen Voit gemeinsam mit den Studierenden der Universität Erfurt Maria Ackermann, Melanie Aust, Svenja Bliedung, Lisanne Döll, Nicolas Hecker, Stefan Hellmuth, Franziska Kohlschreiber, Armin Kung, Franziska Rantzsch und Anja Röhringerrecherchiert, im Rahmen eines dreijährigen Forschungsprojekt, das die Stiftung Ettersberg gemeinsam mit der Universität Erfurt, der Stadt Erfurt und der Friedrich-Ebert-Stiftung durchführte. Entstanden sind außerdem ein 25-minütiger Film und ein wissenschaftliches Buch mit der Landeszentrale für Politische/Bildung Thüringen.

Weitere Informationen gibt es unter: *www.nieder-mit-hitler.de*

Infos zu den Autoren:

Jochen Voit, geboren 1972 in Nürnberg, Autor und promovierter Historiker, Leiter der Gedenkstätte Andreasstraße in Erfurt

Hamed Eshrat, geboren 1979 in Teheran, Grafikdesigner, freischaffender Zeichner und Comic-Künstler in Berlin

NIEDER MIT HITLER!
oder Warum Karl kein Radfahrer sein wollte

Text: Jochen Voit
Zeichnungen: Hamed Eshrat

Kolorierung: Hamed Eshrat & Maria Horn
Cover und Layout: Hamed Eshrat
Lettering: Hamed Eshrat

ISBN: 978-3-945034-98-9

© Hamed Eshrat, Jochen Voit und avant-verlag, 2018

Fachberatung: Prof. Dr. Christiane Kuller, PD Dr. Annegret Schüle und Sören Marotz
Korrekturen: Benjamin Mildner
Produktion: Thomas Gilke
Herausgeber: Johann Ulrich

Die Graphic Novel entstand im Rahmen einer Kooperation der
Stiftung Ettersberg/Gedenkstätte Andreasstraße mit der Universität Erfurt,
dem Erinnerungsort Topf & Söhne – Die Ofenbauer von Auschwitz und der
Friedrich-Ebert-Stiftung, Landesbüro Thüringen. Sie wurde darüber hinaus
finanziell gefördert durch die Reinhard Frank-Stiftung (Hamburg).

Erste Auflage: September 2018

avant-verlag | Weichselplatz 3-4 | 12045 Berlin
info@avant-verlag.de

Mehr Informationen & Leseproben finden Sie online:
www.avant-verlag.de